Ouvrage adopté dans tous les Conservatoires et Ecoles de Musique

100

LEÇONS PROGRESSIVES

DE SOLFÈGE

À CHANGEMENTS DE CLEFS AVEC ACCOMPAGNEMENT DE PIANO

(à l'usage des Elèves-Chanteurs)

1er LIVRE

Clef de *sol* 2e ligne; clef de *fa* 4e; clefs de *sol* 2e et de *fa* 4e mélangées; clef d'*ut* 1re; les trois clefs mélangées.

Les 20 premières leçons de ce volume *répondent aux programmes* des Concours pour le Certificat d'aptitude à l'Enseignement du Chant dans les Ecoles Normales et dans les Ecoles de la Ville de Paris

Les 30 autres leçons *préparent* aux mêmes Concours.

2e LIVRE

Clef d'*ut* 3e ligne; clefs de *sol* 2e, de *fa* 4e, d'*ut* 1re et d'*ut* 3e mélangées; clef d'*ut* 4e; les cinq clefs mélangées

PAR

E. RATEZ

Directeur du Conservatoire de Lille

Edition sans Accompagnement

Chaque Livre, Pr: Net. 1f

Les mêmes avec Accompagnement de Piano (Ft Gd in-8o)

Chaque Pr: Net. 5f

ALPHONSE LEDUC

EMILE LEDUC, P. BERTRAND & Cie, Editeurs de Musique

3, Rue de Grammont, PARIS

1909

Ouvrage adopté dans tous les Conservatoires et Ecoles de Musique

100 LEÇONS PROGRESSIVES

DE SOLFÈGE

À CHANGEMENTS DE CLEFS AVEC ACCOMPAGNEMENT DE PIANO

(à l'usage des Elèves-Chanteurs)

1er LIVRE

Clef de *sol* 2e ligne; clef de *fa* 4e; clefs de *sol* 2e et de *fa* 4e mélangées; clef d'*ut* 1re; les trois clefs mélangées.

Les 20 premières leçons de ce volume *répondent aux programmes* des Concours pour le Certificat d'aptitude à l'Enseignement du Chant dans les Ecoles Normales et dans les Ecoles de la Ville de Paris

Les 30 autres leçons *préparent* aux mêmes Concours.

2e LIVRE

Clef d'*ut* 3e ligne; clefs de *sol* 2e, de *fa* 4e, d'*ut* 1re et d'*ut* 3e mélangées; clef d'*ut* 4e ; les cinq clefs mélangées

PAR

E. RATEZ

Directeur du Conservatoire de Lille

Edition sans Accompagnement

Chaque Livre, Pr: Net. 4f

Les mêmes avec Accompagnement de Piano (Ft Gd in-8o)

Chaque Pr: Net. 5f

ALPHONSE LEDUC

Emile LEDUC, P. BERTRAND & Cie, Editeurs de Musique

3, Rue de Grammont, PARIS

1909

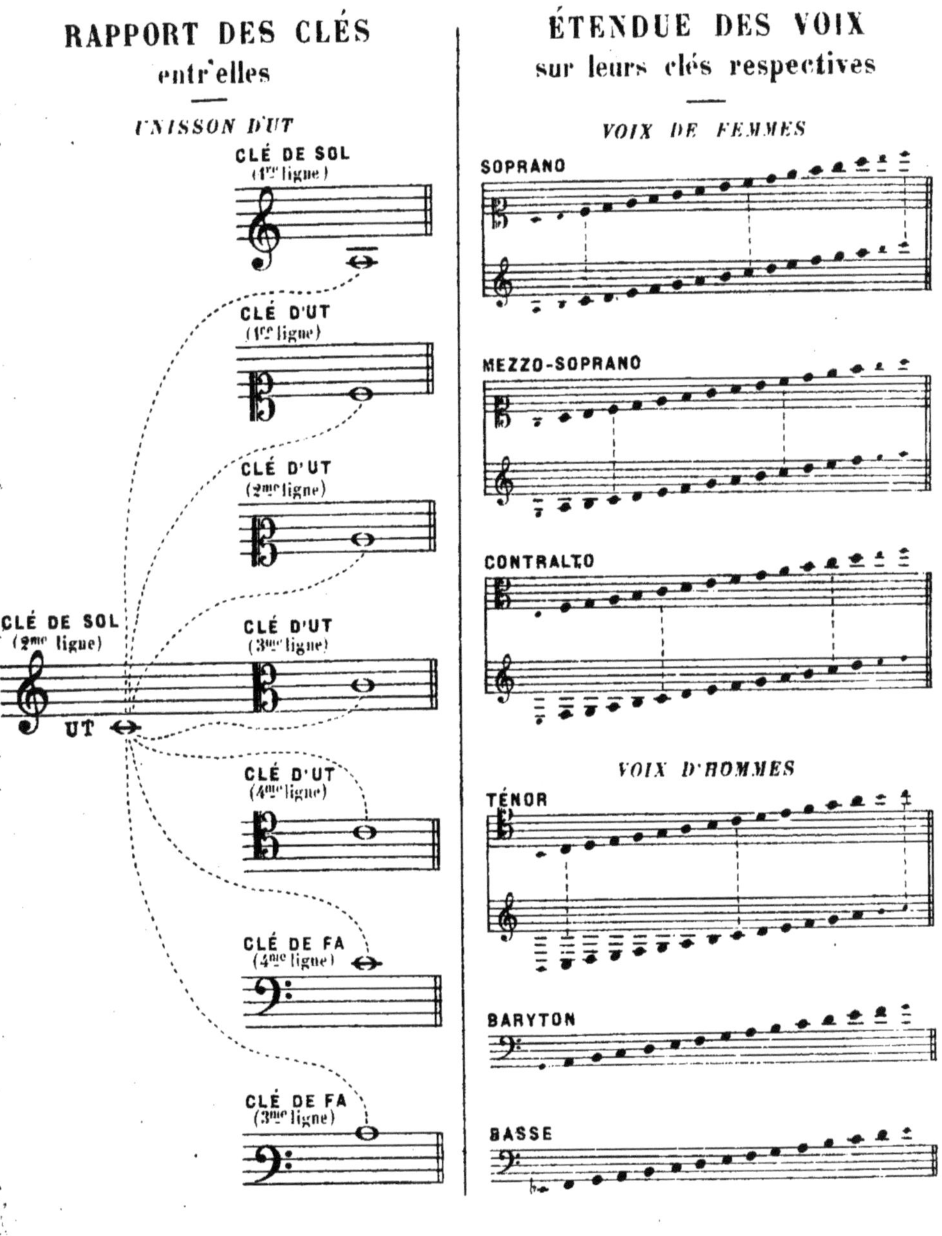
RAPPORT DES CLÉS
entr'elles
UNISSON D'UT
CLÉ DE SOL
(1re ligne)
CLÉ D'UT
(1re ligne)
CLÉ D'UT
(2me ligne)
CLÉ DE SOL
(2me ligne)
UT
CLÉ D'UT
(3me ligne)
CLÉ D'UT
(4me ligne)
CLÉ DE FA
(4me ligne)
CLÉ DE FA
(3me ligne)
ÉTENDUE DES VOIX
sur leurs clés respectives
VOIX DE FEMMES
SOPRANO
MEZZO-SOPRANO
CONTRALTO
VOIX D'HOMMES
TÉNOR
BARYTON
BASSE

REMARQUE IMPORTANTE

Certaines leçons en clef d'Ut 3e ligne et en clef de Fa 4e ligne ont été écrites à dessein dans les régions basses de la portée, afin d'habituer les élèves à lire couramment les notes graves. La même notation se retrouve – toujours intentionnellement – dans quelques leçons à changements de clefs.

Ces passages seront donc chantés à l'octave ou à la double octave supérieure, selon les voix.

TABLE

DU DEUXIÈME VOLUME

A Monsieur DÉSIRÉ LAURENT, Professeur au Conservatoire de Lille.

CENT

LEÇONS DE SOLFÈGE

DEUXIÈME VOLUME

EMILE RATEZ

VIme PARTIE — 10 LEÇONS sur la CLEF d'UT 3me LIGNE

Paris, ALPHONSE LEDUC (Emile Leduc, P. Bertrand & Cie) A.L. 14,419.

Clef d'Ut 3e ligne

Clef d'*Ut* 3e ligne

Cette leçon sera chantée – naturellement – une octave au dessus par la voix de Soprano.

Dim. e rall.
Clef d'Ut 3e ligne
Andantino.
Nº 55
p
pp
Allegro risoluto.
mf

Clef d'*Ut* 3e ligne

Clef d'Ut 3e ligne

Allegretto.

N° 57

Clef d'Ut 3e ligne
Andante con moto.
Nº 58
p
p

Clef d'*Ut* 3e ligne (Notes graves)
Allegretto.
No 59
p
(♭)
3
Dolce.

Clef d'Ut 3e ligne (Notes graves)
Con moto.
N° 60
mf

p
Même mouvt. = la précédente.
mf
1

VIIme PARTIE — 10 LEÇONS sur les QUATRE CLEFS

Clefs de *Sol*, *Fa* 4e ligne, *Ut* 1re et 3e lignes.

Clefs de Sol, Fa 4e ligne, Ut 1re et 3e lignes.
Andantino.
Nº 63
p

Clefs de *Sol*, *Fa* 4e ligne, *Ut* 1re et 3e lignes.

Allegro vivo.

N° 64

mf

Clefs de Sol, Fa 4e ligne, Ut 1re et 3e lignes.
Allegretto.
Nº 65
1
p
A tempo.
Rall.

Clefs de *Sol*, *Fa* 4e ligne, *Ut* 1re et 3e lignes.

Clefs de Sol, Fa 4e ligne, Ut 1re et 3e lignes.
Allegretto.
Nº 67
p
p

Clefs de *Sol*, *Fa* 4e ligne *Ut*, 1re et 3e lignes.

Clefs de *Sol*, *Fa* 4e ligne *Ut* 1re et 3e lignes.

Allegro moderato.

Nº 69

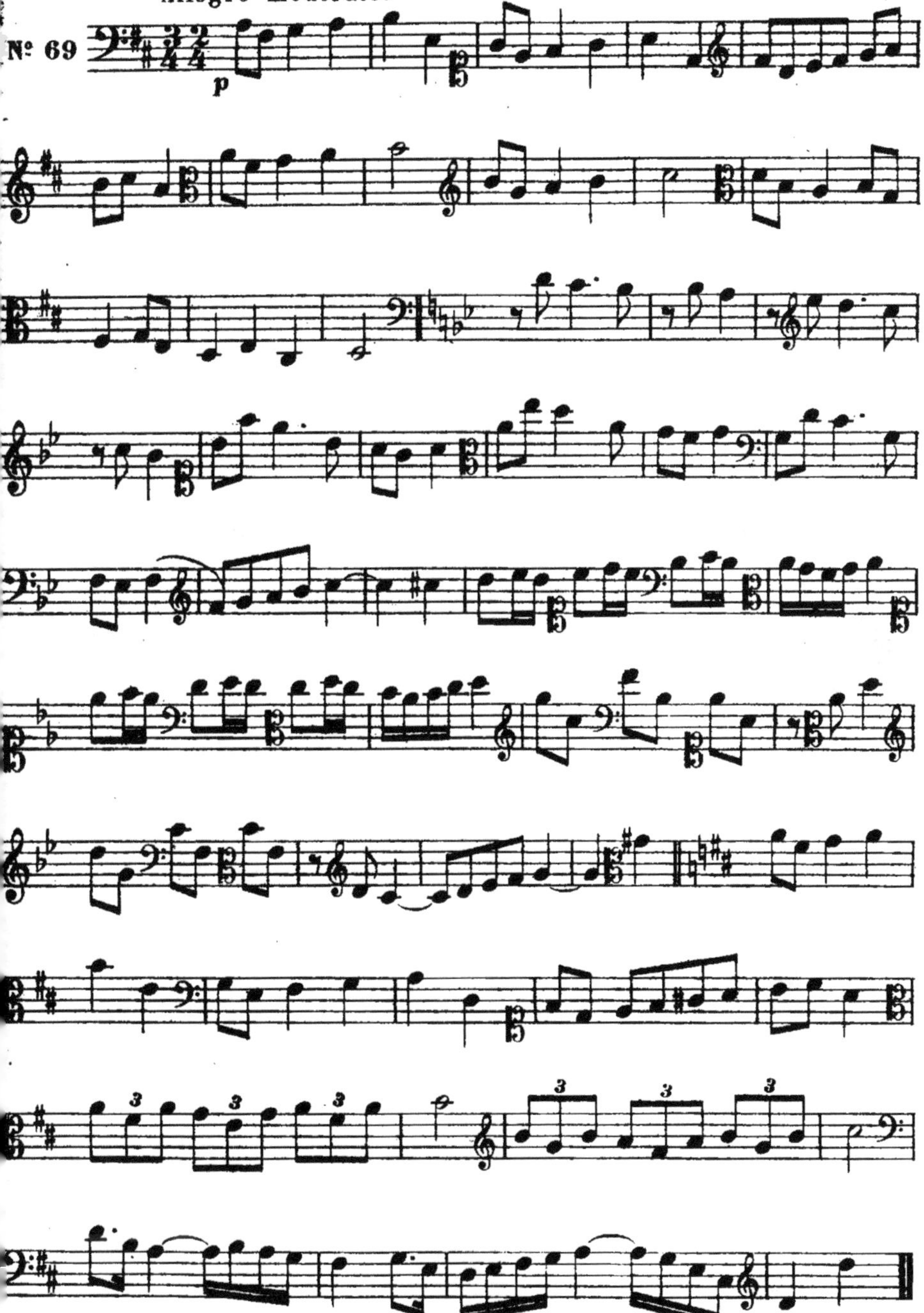

p

3 3 3 3 3 3

Clefs de *Sol*, *Fa* 4e ligne, *Ut* 1re et 3e lignes.

VIIIme PARTIE — 10 LEÇONS sur la CLEF d'UT 4me LIGNE
Con moto.
Nº 71
p

Clef d'Ut 4e ligne

Clef d'*Ut* 4e ligne

Tempo di minuetto.

Nº 73

Clef d'*Ut* 4e ligne

Allegro moderato.

N° 74

Clef d'*Ut* 4e ligne

Clef d'Ut 4e ligne

Allegro risoluto.

N° 76

Cresc.
f
Clef d'Ut 4e ligne
Andante.
No 77
p

Dim.
Clef d'Ut 4e ligne
Allegro vivo.
No 78
mf

Clef d'Ut 4e ligne
Risoluto.
Nº 79
1
f
p
f
Clef d'Ut 4e ligne
Allegretto.
Nº 80
p

IXme PARTIE — *20 LEÇONS sur les CINQ CLEFS*

Clefs de *Sol*, *Fa* 4e ligne, *Ut* 1re, 3e et 4e lignes.

Moderato.

Nº 81

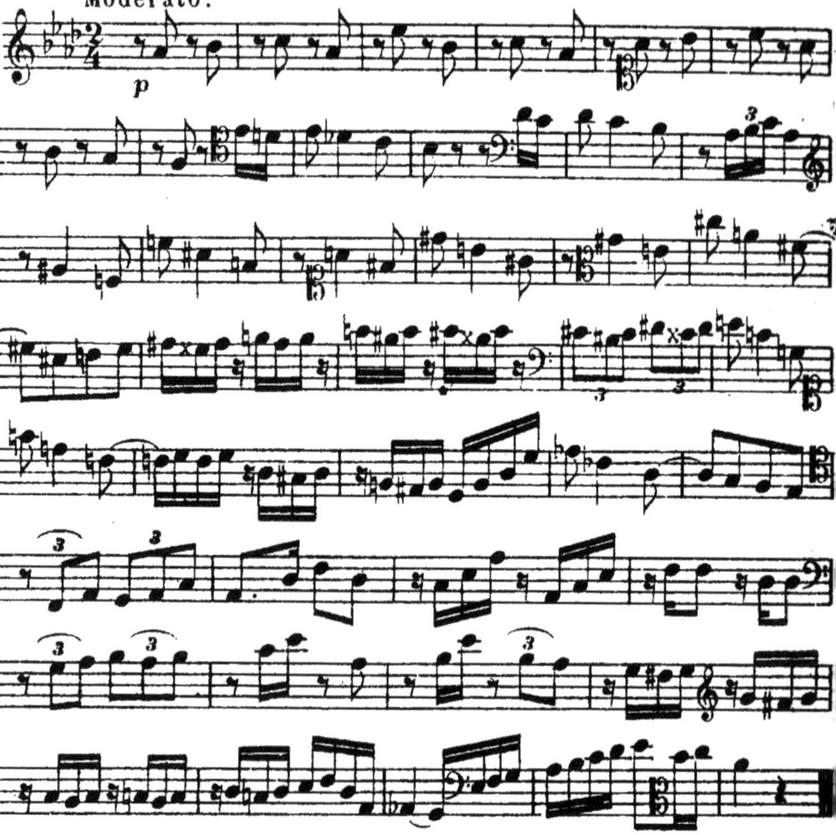

p

Clefs de *Sol*, *Fa* 4e ligne, *Ut* 1re, 3e et 4e lignes.

Clefs de Sol, Fa 4e ligne, Ut 1re, 3e et 4e lignes.
Andantino.
No 83
p

Clefs de *Sol, Fa* 4e ligne, *Ut* 1re, 3e et 4e lignes.

Andante con moto.

Nº 84

Clefs de *Sol*, *Fa* 4e ligne, *Ut* 1re, 3e et 4e lignes.

Clefs de *Sol*, *Fa* 4e ligne, *Ut* 1re, 3e et 4e lignes.

Clefs de *Sol, Fa* 4e ligne, *Ut* 1re, 3e et 4e lignes.

Clefs de *Sol*, *Fa* 4e ligne, *Ut* 1re, 3e et 4e lignes.

Allegro moderato.

No 88

Clefs de *Sol*, *Fa* 4e ligne, *Ut* 1re, 3e et 4e lignes.

Clefs de *Sol*, *Fa* 4e ligne, *Ut* 1re, 3e et 4e lignes.

Clefs de *Sol*, *Fa* 4e ligne, *Ut* 1re, 3e et 4e lignes.

Allegro.

Nº 91

Andante.
Rall.
A tempo.
Clefs de Sol, Fa 4e ligne, Ut 1re, 3e et 4e lignes.
Allegro moderato.
Nº 93

Clefs de *Sol*, *Fa* 4e ligne, *Ut* 1re, 3e et 4e lignes.
Andantino.
No 94

Clefs de *Sol*, *Fa* 4e ligne, *Ut* 1re, 3e et 4e lignes.

Clefs de *Sol*, *Fa* 4e ligne, *Ut* 1re, 3e et 4e lignes

Clefs de *Sol*, *Fa* 4e ligne, *Ut* 1re, 3e et 4e lignes.

Clefs de *Sol*, *Fa* 4e ligne, *Ut* 1re, 3e et 4e lignes.

Andantino.

No 98

Clefs de *Sol*, *Fa* 4e ligne, *Ut* 1re, 3e et 4e lignes.

Andante.

Nº 99

Paris, Imp. Delpiésente.

NOTICES

Sur quelques Ouvrages d'Enseignement Musical ; Théories, Exercices, Leçons de Solfège, etc., *soit en usage dans les Conservatoires et Écoles de Musique de Paris, de Province et de l'Étranger, soit adoptés par la Commission de Surveilllance de l'Enseignement du Chant pour les Ecoles de la Ville de Paris, ou dans les Ecoles Normales d'Instituteurs, Collèges, Pensionnats, etc.*

***. — **Cahier de papier à musique**, pour dictées et devoirs, avec couverture 0 15

ARNOUD (J.). — **Petite Théorie de la Musique**, avec questionnaire (f' in-16), contenant tous les principes élémentaires de la musique 0 50

— **Solfège de Rodolphe** complet à une voix dont les leçons trop hautes ont été baissées, édition nouvelle revue .... 2 »

Le même cartonné 2 25

145 **Leçons de Solfège**, à 2 voix égales, avec accompagnement de piano (1 vol. B.L. nº 122). 7 »

Le but de ce solfège est d'habituer les élèves aux leçons à 2 voix en abordant progressivement toutes les tonalités, toutes les mesures et toutes les clés.

— 100 **Leçons de Solfège**, à 2 voix égales, sans accompagnement (extraites des 145 leçons) (1 vol. f' in-16, broché). (Voir la notice de l'ouvrage précédent.) 1 25

Le même, cartonné 1 50

— 50 **Exercices d'ensemble** (1 vol. f' in-8, broché) 1 50

Le même, cartonné .... 2 »

Ces leçons, écrites à 3, 4, 6 et 8 parties, doivent occuper une place importante dans la musique chorale, car elles préparent toute espèce d'exécution d'ensemble en habituant les exécutants à ne pas se trouver déroutés par les parties voisines. D'autre part, l'ensemble s'entraîne aux différentes difficultés (écho, nuances, etc.) que comporte plus ordinairement la musique de chant.

— 1.600 **Exercices gradués de Lecture musicale**, Intonation, Rythme, Tonalité (1 vol. f' in-16. Complet, broché) .... 3 »

Le même, cartonné 3 25

1re **Partie** : 1.000 exercices (1 vol. f' in-16). (Voir « Enseignement primaire », p. 5.). 1 50

2e **Partie** : 600 exercices (1 vol. f' in-16) 1 50

Les mêmes, cartonnés. Chaque 1 75

Ces exercices, très variés, développent le sentiment de la tonalité au moyen d'heureuses formules mélodiques formant bien mieux l'oreille que l'étude presque toujours routinière de l'intonation par les intervalles. Ils amènent à acquérir le sentiment de la mesure sans que les élèves soient arrêtés par les difficultés d'intonation qui se présentent à eux en même temps.

BAYER (J.). Professeur de chant dans les Écoles de la Ville de Paris. — **Manuel de Pédagogie musicale** (1er volume) (pédagogie orale), préparant aux examens du certificat d'aptitude à l'enseignement du chant dans les Écoles normales et dans les Écoles de la Ville de Paris, 1 vol. in-16, relié pleine toile .... 4 »

Ce livre ne constitue pas une nouvelle théorie ; son but n'est pas d'apprendre la musique, mais de montrer comment elle peut être enseignée. Il est indispensable aux candidats qui préparent les examens ci-dessus, et aussi aux instituteurs et aux personnes désireuses de se consacrer au professorat de la musique.

L'auteur, estimant qu'il est préférable de laisser au maître ou à l'aspirant le soin de trouver lui-même une forme claire, simple et personnelle du développement de chaque leçon, s'est borné à présenter non pas un texte, mais un *plan* logique et aussi précis que possible, avec l'indication succincte de la manière de commencer et de terminer ; ces deux éléments étant toujours les plus délicats, surtout lorsqu'il s'agit d'un enseignement oral.

Chaque plan est intentionnellement présenté *en une seule page*, sous une forme très concise et très frappante.

L'élève est mis ainsi, et d'un seul coup d'œil, en possession de la *substance essentielle* de chaque leçon ; il aura cette leçon elle-même sous les yeux, condensée en quelques phrases, et se rendra un compte exact de la manière dont il doit la conduire.

Quant au développement, on en trouve à la fin du volume, quelques modèles, qui suffisent à fournir sur ce point une indication précise. L'élève s'exercera à développer, d'une manière analogue, chacune des leçons du recueil en la présentant toujours *comme elle serait faite dans une classe, et devant des élèves*, avec l'emploi d'exemples, de questions, de réponses, et de mille petits moyens particuliers que suggèrent l'initiative et l'expérience.

MM. Auguste Chapuis, professeur d'harmonie au Conservatoire, inspecteur principal de l'enseignement du chant dans les écoles de la Ville de Paris ; A. Drouin, inspecteur de l'enseignement du chant dans les écoles de la Ville de Paris ; Henri Maréchal, inspecteur de l'Enseignement musical dans les Conservatoires et Écoles de musique, membre de la Commission de surveillante de l'enseignement du chant dans les écoles de la Ville de Paris ; Émile Pessard, professeur d'harmonie au Conservatoire de Paris, directeur de l'Enseignement musical dans les trois maisons nationales d'éducation de la Légion d'honneur, ancien inspecteur et membre de la Commission de Surveillance de l'enseignement du chant dans les écoles de la Ville de Paris ; Gabriel Pierné, membre du Conseil supérieur de l'Enseignement au Conservatoire de Paris; E. Schwartz, professeur au Conservatoire, professeur à l'École normale des Instituteurs de la Seine, personnalités compétentes en cette matière, ont adressé à l'auteur, dès l'apparition du premier volume, leurs félicitations pour l'œuvre éminemment utile et pratique qu'il venait de produire.

BAYER (J.). — Manuel de Pédagogie musicale (2e volume) (pédagogie écrite)............ 5 »

Ce second volume, présenté avec préface de M. Gabriel Pierné, contient d'abord les indispensables indications pédagogiques relatives à l'enseignement de la musique (Éducation musicale. Programmes. Emploi du temps. Préparation de la leçon. Interrogation, etc., etc.), et à la préparation des épreuves écrites des examens.

Il renferme, en outre, de très nombreux textes empruntés aux examens les plus récents, et, en particulier, les textes officiels des vingt dernières années, pour la plupart du temps accompagnés d'un plan et souvent même des grandes lignes. Comme pour les leçons au tableau noir, chaque plan est présenté en une seule page et quelques sujets, à titre de modèles, sont traités entièrement.

L'ouvrage se termine par des indications très détaillées relatives à l'Historique de l'enseignement de la musique, tant en France qu'à l'étranger, par les renseignements complets se rapportant à l'organisation actuelle de cet enseignement (en y comprenant tous les extraits des décrets, arrêtés, programmes, circulaires, méthodes, etc..., etc., que chaque professeur ne peut ignorer), et par les formules nécessaires en vue de l'inscription des candidats aux différents examens.

BAYER (J.) et DESPAGNE (A.). — Le Solfège des Ecoles :

Cours élémentaire : (1 vol. in-8°), cartonné............ 1 50
Le même, broché............ 1 25
Cours moyen : (1 vol. in-8°), cartonné............ 2 25
Le même, broché............ 2 »
Supplément au **Cours moyen, Leçons à 2 voix détachées, broché**............ 0 75
Cours supérieur : (1 vol. in-8°), cartonné............ 2 25
Le même, broché............ 2 »

Le *Solfège des Ecoles* est le résultat de la collaboration de deux maîtres, qui ont écrit leur ouvrage au milieu des enfants : pas un exercice n'a pris définitivement place dans ce Recueil avant d'avoir été expérimenté.

Le *Cours Elémentaire* ne comprend que la ronde, la blanche et la noire ; le *Cours Moyen* ne dépasse pas la croche. C'est là une disposition nouvelle. Le résultat que l'on peut attendre de l'enseignement de ces Solfèges n'est pas de faire des élèves « des virtuoses », mais des musiciens consommés ; le maître qui viserait trop haut risquerait fort de ne point atteindre son but.

Afin de varier les études et de rendre l'enseignement plus attrayant, il a été ajouté au Cours Moyen un supplément de 31 leçons à deux voix, que le professeur pourra faire travailler parallèlement aux leçons du volume.

Le *Cours Supérieur* est particulièrement destiné aux Cours Complémentaires, aux Écoles primaires supérieures, aux Écoles normales, ainsi qu'aux élèves dont l'éducation musicale est déjà un peu développée, et qui désirent néanmoins se perfectionner dans l'étude du solfège.

Ce troisième volume s'inspire de la méthode pédagogique des deux autres cours : n'aborder qu'une seule difficulté à la fois, donner sobrement, mais avec clarté, la théorie nécessaire et accompagner ces notions indispensables d'un grand nombre d'exercices.

Les auteurs ont tout particulièrement veillé à ce que les morceaux composant le Cours supérieur fussent mélodiques ; les élèves ne s'intéressent en effet à la lecture musicale que lorsqu'ils arrivent à déchiffrer convenablement après quelques essais. Les difficultés accumulées à plaisir ne servent qu'à rebuter les enfants ; les auteurs se sont donc attachés à rendre agréable, — et fructueuse par conséquent —, une étude qui peut facilement devenir fastidieuse et désespérante.

CATEL. — Traité d'Harmonie, nouvelle édition bien complète et conforme à l'édition du Conservatoire (1 vol. ft in-16)............ 2 »
Le même, cartonné............ 2 25

CLOUZET (P.-A.). — L'Harmonie en exemples, ou Harmonie pratique des jeunes pianistes ou organistes. Accords, Modulations, Progressions, Marches d'harmonie, etc., pour servir de préparation à l'étude de cette science............ 4 »

CHANAT (Frères). — Petit Solfège ou **Manuel musical des Enfants**, pouvant servir d'introduction aux solfèges de Panseron et de Garaudé (3e édition) (1 vol. in-16, broché). 1 50
Le même, cartonné............ 1 75

DROUIN (A.). Inspecteur de l'Enseignement du Chant dans les Écoles de la Ville de Paris.

144 Exercices élémentaires de Lecture (Intonation, Rythme, Tonalité), préparant aux concours de lecture à vue de la Ville de Paris (Cours moyens) (1 vol. ft in-8°, cart.). 2 »

Ouvrage exclusivement basé sur le chant des deux gammes majeure et mineure et sur l'accord parfait de tonique des deux modes. Ces exercices s'attachent déjà à préparer à la modulation, grâce à une ingénieuse disposition des leçons qui permet au besoin d'enchaîner facilement deux ou plusieurs leçons de tonalités différentes.

— **156 Exercices de Lecture**, faisant suite aux **144 Exercices** élémentaires de lecture et préparant à la modulation (1 vol. ft in-8°, cartonné)............ 2 »
Le même, broché............ 1 75

— **150 Leçons de Solfège**, préparant aux concours de lecture à vue de la Ville de Paris (Cours supérieur B) (1 vol. ft in-8° cartonné)............ 2 »
Le même, broché............ 1 75

— **168 Exercices élémentaires de Lecture**, préparant au concours de lecture à vue de la Ville de Paris (Cours supérieur B) (1 vol. ft in-8°, cartonné)............ 2 »
Le même, broché............ 1 75

Ces leçons s'attachent : 1° A éveiller et développer chez l'élève le sens du phrasé ; 2° A préparer aux difficultés d'intonation qui, dans une leçon unitonale, résultent de l'introduction de sons nouveaux, provoqués par des modulations aux tons voisins de première classe du ton principal.

— **Leçons de Solfège**, préparant au concours de lecture à vue de la Ville de Paris (Cours supérieur B) (1 vol. ft in-8°, cartonné)............ 2 »
Le même, broché............ 1 75

DROUIN (A.). — Leçons de Solfège à 2 voix :
1er volume : (Cours préparatoire et élémentaire) .... 2 »
Le même, broché 1 75
2e volume : (Cours moyen et supérieur) .... 2 »
Le même, broché 1 75

DROUIN (A.) et BERTRAND (P.). — Cours pratique d'Harmonie, complet en 5 fascicules. Chaque .... 2 »
Les 5 fascicules réunis (1 vol. B. L. nº 378) .... 6 »

Le but de cet ouvrage est de *populariser l'étude de l'harmonie* en restreignant la part de la mémoire et en faisant appel à l'observation et au raisonnement.

L'élève s'assimile ainsi très rapidement et sans effort les grandes lignes de cette grammaire musicale et arrive *en quelques mois* d'études à écrire correctement des choses faciles.

DURAND (E.). — Abrégé du Cours d'harmonie (1 vol. B. L. nº 224) .... 10 »

Rédigé dans une forme claire et attrayante, d'après le cours complet d'harmonie, et très complet lui-même, l'Abrégé est cependant de proportions assez modérées pour rassurer les personnes que l'importance considérable des ouvrages spéciaux était de nature à effrayer un peu. Cet ouvrage comble donc une lacune en répondant au besoin réel des musiciens qui ne se destinent pas à devenir des harmonistes consommés, mais qui bornent leur ambition à connaître les éléments les plus essentiels de l'harmonie ; ils prendront le goût d'une science un peu abstraite que l'Abrégé leur permettra de s'assimiler sans de trop grands efforts. En résumé, cet ouvrage, essentiellement pratique, a résolu ce problème : *apprendre seul l'harmonie.*

— **Réalisations des Leçons de l'Abrégé** (1 vol. B. L. nº 251) .... 5 »

C'est l'auxiliaire précieux des élèves sérieux qui ne s'en serviront pas pour copier le corrigé de leurs leçons ; et, ce n'est pas un des moindres attraits de l'Abrégé du Cours d'harmonie que de permettre en cas d'hésitation de trouver la clé d'une difficulté de réalisation.

— **Théorie musicale** (1 vol. B. L. nº 238) .... 7 »
La même, en deux parties :
1re Partie : (1 vol. B. L. nº 238 *bis*) .... 4 »
2e Partie : (1 vol. B. L. nº 238 *ter*) .... 4 »

Dans la première partie, se rencontre tout ce qui a rapport à l'écriture musicale, aux mesures, aux intervalles, aux gammes, aux modes, aux genres, aux rythmes, aux mouvements, aux nuances, ainsi qu'une première étude de l'échelle musicale. Tout ceci amené bien graduellement et suivant la marche habituelle des études pratiques de solfège. — Dans la deuxième partie, on trouve une seconde étude de l'échelle musicale, le système complet des clés, les premières notions de l'harmonie, un chapitre sur la modulation, un autre sur la transposition, l'enchaînement des tonalités, les artifices mélodiques, le plain-chant et les abréviations. — Le questionnaire qui contient les réponses facilitera l'étude à l'élève et simplifiera la tâche du professeur. En effet, la plupart des élèves ne sauraient *formuler* avec toute la netteté désirable certaines réponses, notamment lorsqu'il s'agit de *définition*; quant au professeur, il lui sera ainsi évité un *travail* qu'il saura gré à l'auteur de lui avoir épargné. Cette théorie, par sa clarté, ses nombreux exemples, son questionnaire habilement conçu, son étendue et surtout par sa gradation méthodique est un ouvrage unique et qui s'adresse aussi bien aux professeurs qu'aux jeunes élèves débutants ou avancés déjà.

DUVOIS (Ch.). — Méthode théorique et pratique de l'accompagnement du Plain-Chant (1 vol. ft in-8º) .... 5 »
— **Méthode élémentaire de l'accompagnement du Plain-Chant** (ft in-8º) 1 25

FABRE (Mme A.). — Leçons et Devoirs élémentaires de musique en deux recueils :
1er Recueil, où les premiers principes, soigneusement gradués, permettent à l'enfant de commencer avec fruit ses études musicales (1 vol. ft in-16) 1 50
2e Recueil, comprenant l'Étude des différentes mesures, des intervalles, la formation des gammes majeures et mineures, la définition des termes et des signes employés en musique, avec des devoirs à l'appui des leçons (1 vol. ft in16) 1 50

GARAUDÉ (A. de). — Solfège des enfants (op. 27).
Nouvelle édition soigneusement revue et considérablement augmentée, notamment de 30 chants scolaires tirés des œuvres des Grands Maîtres et d'un questionnaire relatif à tous les points essentiels de la théorie musicale.

Présenté sous cette forme nouvelle, aussi *attrayante* que *complète*, ce très célèbre ouvrage répond aux conditions essentielles de l'enseignement élémentaire de la musique dans les collèges, écoles primaires etc., etc., en vue desquels il a d'ailleurs été adopté par le ministre de l'Instruction publique.

Il convient d'ailleurs à tous les professeurs désireux d'assurer à l'éducation musicale de l'enfant **une base solide tout en atténuant l'aridité de ses premières études.**

Un volume in-16 broché .... net 2 25
Le même, cartonné .... net 2 50

HAUSSER (H.). — Traité pratique de Transposition (écrite et à vue), appliqué au piano, au chant, et à tous les instruments (1 vol. B. L. nº 480) .... 4 »
Tableaux récapitulatifs (*Extraits du Traité*) (B. L. nº 481) 0 50

Ce traité, essentiellement pratique, est *indispensable* à tout amateur susceptible d'être amené un jour à accompagner des chanteurs ou des instrumentistes, évite de placer l'élève dans l'obligation de s'assimiler toutes les clés avant d'aborder les bases de la transposition, et permet d'effectuer à vue (toujours sans l'étude préalable des clés) les transcriptions au 1/2 ton chromatique et à la seconde inférieure ou supérieure, qui sont celles employées le plus fréquemment. — Des tableaux récapitulatifs d'une conception tout à fait nouvelle, qu'on ne rencontre dans aucun autre ouvrage donnent instantanément tous les renseignements nécessaires à toute transposition. Il contient de nombreux exemples d'exercices tirés des Maîtres anciens et modernes, et est suivi d'un appendice relatif aux instruments transpositeurs et aux transpositions spéciales aux instruments à pistons.

LE BEAU (A.). — **Notice sur les premiers principes de la Musique**, suivie d'exercices divers sur les clés de **sol** et de **fa**, à l'usage spécial des commençants (1 vol. fᵗ in-8°).... 1 »

LEDUC (Alph.). — **Solfège progressif**, adopté dans les collèges, pensionnats, écoles primaires (1 vol. fᵗ in-8°)........................ 1 25

MULLER (L.). — **Solfège pratique et théorique** à l'usage des collèges, pensionnats, etc., contenant 60 chants, à 1, 2 et 3 voix, avec accompagnement de piano. (1 vol. B. L. n° 79)........................ 6 »
Le même, cartonné........................ 7 »
Le même, sans accompagnement (1 vol. fᵗ in-16, cartonné)........................ 1 25
Le même, broché........................ 1 »

Partant des premières notions, cet ouvrage ouvre la route qui permet d'atteindre l'étude complète de la musique et en particulier du solfège.

RICHERT (F.). — **Cours théorique et pratique de Musique vocale** contenant un exposé analytique et raisonné des principes de l'art du Chant et un abrégé de la théorie du Plain-Chant (1 vol. fᵗ in-8°)........................ 5 »

— **Traité élémentaire de Plain-Chant** : Notation, clefs, rapports des sons, intonation. Nature et origine des divers modes. Détermination du mode. Tons transposés. Règles de la psalmodie, Exécution du Plain-Chant (1 vol. fᵗ in-8°)........................ 1 25

ROBERT (F.). — **Leçons de Concours à l'usage des cours supérieurs** (2 vol. in-16) cartonnés. Chaque........................ 2 50

Chacune des leçons de ce recueil répond pleinement aux exigences imposées par les Concours de fin d'année des écoles de la Ville de Paris et plus spécialement par ceux des Cours supérieurs B.

RODOLPHE. — **Célèbre solfège complet**, à 2 voix, dont le questionnaire a été complété et dont les leçons trop hautes ont été baissées (1 vol. B. L. n° 58)........................ 4 »

Ouvrage en usage dans les classes du Conservatoire de Paris et des succursales.

Le même, cartonné à deux voix........................ 5 »
— **Solfège** à deux voix, nouvelle édition (1 vol. fᵗ in-16, broché)........................ 2 »
Le même, cartonné........................ 2 25
— **Solfège à 1 voix**, nouvelle édition revue par J. Arnoud (1 vol. fᵗ in-16, broché) 2 »
Le même, cartonné........................ 2 25

SERVEL (P.). — **Petite Méthode de Dictée musicale** (1 vol. in-16, cartonné)........................ 2 »

A l'usage des instituteurs et des professeurs de musique dans les cours supérieurs, les cours complémentaires, les écoles primaires supérieures et les écoles normales, pour la préparation rapide des aspirants au brevet supérieur.

Cet ouvrage est ses compléments annuels (*voir ci-dessous*) sont indispensables à tous les professeurs ayant un besoin continuel de questions diverses de théorie, ainsi que de nombreux textes de dictées de degrés de force et de genre différents.

— **Complément annuel à la Petite Méthode de Dictée musicale**........................ 2 50

Un complément est publié au mois d'avril de chaque année, contenant le texte des épreuves de dictée musicale et de théorie imposées dans toutes les académies pour les sessions de juillet et octobre.

SOULLIER (Ch.). — **Dictionnaire complet de Musique** (1 vol. fᵗ in-16)........................ 2 50
Le même, cartonné........................ 2 75

Contenant l'explication de tous les termes employés en musique et des notices très explicites sur les diverses formes musicales et les divers instruments usités dans tous les temps et dans tous les pays.

THURNER (A.). — **Solfège ou Dictées des Rythmes** (1 vol. fᵗ in-8°)........................ 1 50

Étudiant toutes les combinaisons de valeurs, propres à développer le sens si indispensable du rythme musical.

— **Dictées musicales d'Intonation** (1 vol. fᵗ in-8°)........................ 1 50

La variété des intonations et la forme des tournures mélodiques tiennent constamment en éveil l'attention de l'élève et aident fortement au développement de ses facultés auditives.

TROJELLI (A.). — **Petit Solfège des Ecoles** (ouvrage approuvé par Laurent de Rillé) (1 vol. fᵗ in-16), broché........................ 0 50
Le même, cartonné........................ 0 75

Passant successivement en revue l'étude du Chant non mesuré, les exercices de mesure, les exercices de rythme (non chantés), puis les exercices mesurés et chantés ; l'ouvrage comporte en outre des explications très complètes sur la théorie musicale élémentaire et des leçons habituant progressivement l'élève aux différents tons majeurs et mineurs avec dièzes ou bémols à la clé.

VALENTI (A.). — **Solfège** (in-16), pour toutes les voix, dédié aux orphéons, écoles normales etc. — Portée supérieure en clé de ***sol*** et portée inférieure en clé de ***fa***, broché... 2 50
Le même, cartonné........................ 2 75
Le même, en 2 parties. Chaque partie, broché........................ 1 50
Le même, cartonné........................ 1 75

NOTA. — **Pour les ouvrages d'Enseignement Supérieur, Traités, Leçons de solfège, Leçons d'harmonie, etc.... demander le catalogue spécial d'Enseignement musical.**

CHŒURS
spécialement destinés aux Écoles, Pensionnats et Maisons d'Éducation

CHANTS SCOLAIRES

A UNE SEULE VOIX

Transcriptions sans accompagnement par A. DROUIN

Inspecteur de l'Enseignement du Chant dans les Écoles de la Ville de Paris

IL EST ACCORDÉ DES REMISES SPÉCIALES POUR LES COMMANDES PAR NOMBRE

ARNOUD (J.). — LES NOUVEAUX CHANTS, Recueil pour la Jeunesse :

1. *L'Alouette* ; 2. *A L'Aurore* ; 3. *Etoile du Soir* ; 4. *Au Matin* ; 5. *En Avant* ; 6. *Berceuse* ; 6. *Après la Moisson* ; 8. *Valse du Printemps* ; 9. *La Chasse* ; 10. *Exil* ; 11. *Boléro* ; 12. *Au Bruit des Tambours* ; 13. *Chant d'Excursion* ; 14. *Le Coucou*. Un recueil broché[1] .... 1 »

Pour l'accompagnement de piano, voir l'Édition originale de J. ARNOUD (2 volumes). Chaque .... 1 »

DROUIN (A.). — DOUZE CHANTS SCOLAIRES :

1. *La Chanson de la Caille* ; 2. *Le Maraudeur* ; 3. *Promenade à Ane* ; 4. *Chanson du Rémouleur* ; 5. *Barcarolle* ; 6. *L'Anesse à Jeannette* ; 7. *Le Cheval de Nicolas* ; 8. *L'Ecole Buissonnière* ; 9. *Petite Ronde Enfantine* ; 10. *L'Escargot* ; 11. *Vent, Pluie, Soleil.* — 12. *Le Petit Soldat.* Un recueil broché .... 1 »

Les mêmes, avec accompagnement de piano (Édition Scolaire), en un recueil broché .... 2 »

Les mêmes, publiés sous le titre « *Chansons d'Enfants* » en un volume grand in-8° avec accompagnement de piano (B. L. n° 482), relié et richement illustré .... 6 »

DROUIN (A.). — MARCHES, DANSES, RONDES :

I MARCHES : 1. *Chant d'Excursion* ; 2. *En Avant* ; 3. *Chanson du Rémouleur* ; 4. *L'Anesse à Jeannette* ; 5. *Marche des Escargots* ; — II. DANSES : 1. *Boléro* ; 2. *Le Menuet des Poupées* ; 3. *La Mazurka des Entremets* ; 4. *La Polka des Bonbons*. — III. RONDES : 1. *Le Maraudeur* ; 2. *La Marjolaine* ; 3. *Petite Ronde*

MISSA (Ed.). — DIX MÉLODIES ENFANTINES :

Un recueil broché .... 1 »

1. *Les Pet'ts Loups* ; 2. *Les Marrons* ; 3. *Le Marchand de Sable* ; 4. *Suzon* ; 5. *Le Ballon* ; 6. *Du Mouron pour les P'tits oiseaux* ; 7. *Je suis un grand Garçon* 8. *Noël d'Alsace* ; 9. *Petits Paysans* ; 10. *Le Tambour de Julien*. Un recueil broché .... 1 »

Les mêmes augmentées de deux autres Mélodies Enfantines « *Berceuse* » et « *Le Tout Petit Frère* » (en un volume grand in-8° avec accompagnement de piano (B. L. n° 299), relié et richement illustré .... 6 »

MISSA (Ed.). — PETITS GARÇONS, PETITES FILLES, HUIT MÉLODIES ENFANTINES

1. *Bataille des Marionnettes* ; 2. *L'Enterrement d'une Souris* ; 3. *Menuet des Poupées* ; 4. *Pour Maman* ; 5. *Mazurka des Entremets* ; 6. *Marche des Escargots* ; 7. *La Marjolaine* ; 8. *La Sérénade des Matous*. Un recueil broché .... 1 »

Les mêmes augmentées de quatre autres Mélodies Enfantines « *Au Marché* », « *Cendrillon* », « *En Avant* », « *La Polka des Bonbons* », en un volume grand in-8° avec accompagnement de piano (B. L. n° 385), relié et richement illustré .... 6 »

SCHUBERT-SCHUMANN. — POUR LA JEUNESSE, 1er volume, recueil de 12 mélodies, broché .... 1 »

1. *La Sérénade* ; 2. *La Jeune Fleur* ; 3. *Chant Berceur* ; 4. *Aux Hirondelles* ; 5. *Chant du Meunier* ; 6. *Pauvre Orphelin* ; 7. *Le Crépuscule* ; 8. *Chant de Printemps* ; 9. *Adieu* ; 10. *Berceuse* ; 11. *Valse Printanière* ; 12. *Histoire curieuse*.

Les mêmes en un volume grand in-8° avec accompagnement de piano (B. L. n°   ) 3 50

MENDELSSOHN. — POUR LA JEUNESSE, 2e Volume, recueil de 12 mélodies broché .. 1 »

1. *Au bord du Lac* ; 2. *Au Fil de l'Eau* ; 3. *Chant d'Avril* ; 4. *Chant du Matin* ; 5. *Le Départ* ; 6. *Doux Echo* ; 7. *L'Espoir* ; 8. *Joyeux Printemps* ; 9. *La Mort du Cerf* ; 10. *La Plainte du Pâtre* ; 11. *Le Retour* ; 12. *Voici l'Automne*.

Les mêmes en un volume grand in-8° avec accompagnement de piano (B. L. n°   ) 3 50

MUSIQUE CHORALE

Collection de Chœurs scolaires et de Chœurs pour Orphéons avec ou sans accompagnement

> *AVIS. — I. A partir de 12 exemplaires du même chœur, ceux marqués* **0** *fr.* **50** *c. net : chaque* **0** *fr.* **25** *net ; ceux marqués* **1** *franc, net : chaque* **30, 35, 40** *centimes net, suivant l'importance des chœurs.*
> *II. Les chœurs à 3 et 4 voix précédés d'un * peuvent être chantés par des adultes.*

CHŒURS A DEUX VOIX

SANS ACCOMPAGNEMENT

ARNOUD (J.). — LES NOUVEAUX CHANTS (édition scolaire) transcrits par A. DROUIN.

En Avant, Berceuse, Boléro, Valse du Printemps, Chant d'Excursion, Après la Moisson, Exil, La Chasse, Au Bruit des Tambours, Le Coucou. Chaque 0 50

Pour l'accompagnement de piano, voir l'Édition originale de J. ARNOUD, 2 vol. grand in-8° brochés, chaque .... 1 »

DROUIN (A.).— *L'Anesse à Jeannette, La Chanson du Rémouleur,* **Les Lavandières, Le Maraudeur,* **La Moisson, Printemps d'Ecoliers, Promenade à Ane,* Chaque 0 50

N. B. — Les chœurs : « *L'Anesse à Jeannette* », « *Chanson du Rémouleur* » « *Le Maraudeur* », « *Promenade à Ane* », peuvent être chantés avec accompagnement de piano contenu dans le recueil des *Douze Chants scolaires* de A. DROUIN. Un recueil broché .... 1 »

DROUIN (A.). — RÉPERTOIRE CLASSIQUE DE CHANT CHORAL :

BEETHOVEN * *Chant de Victoire,* * *Hymne au Soleil,* * *Paix et Travail,*
CHOPIN * *Mazurka.*
GLUCK * *Iphigénie en Aulide* (Que d'attraits),
GRÉTRY * *La Garde passe* (Marche Janissaire).
MENDELSSOHN. * *Au Bord du Lac,* * *Au Fil de L'Eau,* * *Chant d'Avril,* * *Chant du Matin,* * *Chant triomphal,* * *Le Départ,* * *Doux Echo,* * *L'Espoir,* * *Joyeux Printemps,* * *La Mort du Cerf,* * *La Plainte du Pâtre,* * *Le Retour,* * *Voici l'Automne.*
RAMEAU. * *Les Fêtes d'Hébé,* * *Hymne à la Nuit,* * *Musette.*
SCHUBERT. * *Chant berceur,* * *La Sérénade,* * *Le Chant du Meunier,* * *Le Crépuscule,* * *La Jeune Fleur, Valse Printanière.*
SCHUMANN. *Chant de Vacances, Histoire curieuse,* * *Le Laboureur,* * *Pauvre Orphelin,* * *Aux Hirondelles,* * *Berceuse,* * *Chanson des Mariniers,* * *Chant du Faucheur,* * *Chant du Printemps,* * *Petite Marche.*
WEBER. * *Euryanthe* (Chœur des Chasseurs).

DROUIN (A.). — VIEUX CHANTS FRANÇAIS :

DALAYRAC. * *L'Absence du Marin,* * *Au bois déjà verdi,* * *L'Heureuse Mère.*
GUÉDRON. * *Au Plaisir de la Danse.*
MONSIGNY. * *L'Oiseau Bleu,* * *C'est ici le joli Bocage.*
DURAND (E.), * *L'Exercice,* transcrit par A. DROUIN .... 1 »
— *Avril, Les Foins,* * *La Nouvelle Cigale,* * *L'Oiseau voyageur,* transcrits par A. DROUIN, chaque 0 50
GOUNOD (Ch.). *La Chanson de Roland* (de GRÉTRY), * *La Charité,* * *En ce doux Asile* (de RAMEAU), * *L'Hiver* (de LULLI). transcrits par A. DROUIN, chaque 0 50

GOUNOD (Ch.). QUINZE CHŒURS, transcrits par A. DROUIN.

Bonjour, Bonsoir, * *Le Corbeau et le Renard,* * *Hymne au Foyer,* * *Le Nid, La Jeune Fille et la fauvette, Patte de Velours,* * *Les Petits Glaneurs,* * *Rêverie du Soir, Le Rosier Blanc,* * *Le Ruisseau,* * *La Sérénade,* * *Le Soir, Le Temps qui fuit, Les Vacances,* * *La Vendange,* * chaque 0 50

HALÉVY (F.). — * *Le Couvre-feu du Juif-Errant,* * transcrit par A. DROUIN 0 50

MÉHUL. — * *Le Chant du Départ,* transcrit par A. DROUIN, pour deux voix d'enfants 0 50
— — — pour deux voix d'hommes 0 50

MISSA (Ed.). — DIX PETITS CHŒURS (édition scolaire), sans accompagnement, transcrits par A. DROUIN :

Les Petits Loups, Les Marrons, Le Marchand de Sable, Suzon, Le Ballon, Je suis un grand Garçon, * *Du Mouron pour les p'tits oiseaux,* * *Noël d'Alsace,* * *Petits Paysans, Le Tambour de Julien.* Chaque 0 50
Les mêmes, augmentés de deux autres petits chœurs, « *Berceuse* » et « *Le Tout Petit Frère* », en un volume, grand in-8°, avec accompagnement de piano (B. L. n° 300), relié et richement illustré .... 6 »

MISSA (Ed.). PETITS GARÇONS, PETITES FILLES : HUIT PETITS CHŒURS transcrits par A. DROUIN :

Le Menuet des Poupées, Pour Maman, Bataille des Marionnettes, L'Enterrement d'une Souris, La Marjolaine, La Sérénade des Matous, Muzurka des Entremets, La Marche des Escargots, La Polka des Bonbons. Chaque 0 50
Les mêmes, édition originale, à une voix, de Ed. MISSA, augmentés de trois autres petits chœurs à l'unisson : *Au Marché, Cendrillon, En Avant,* en un volume grand in-8° avec accompagnement de piano (B. L. n° 385), relié et richement illustré .... 6 »
N. B. — L'accompagnement de l'Édition à une voix peut servir également pour l'Édition à deux voix.
PAPIN (A.), * *La Fête andalouse,* transcrite par A. DROUIN 0 50
PESSARD (E.). *Chanson enfantine pour faire dormir les bébés en carton* 0 50
ROUGET DE L'ISLE. * *La Marseillaise,* transcrite par A. DROUIN, pour deux voix d'enfants ou pour deux voix d'hommes. Chaque 0 50

CHŒURS A DEUX VOIX ÉGALES

AVEC ACCOMPAGNEMENT DE PIANO

DROUIN (A.), * *Les Lavandières,* * *La Moisson, Printemps d'Ecoliers.* Chaque .... 1 »
GOUNOD (Ch.) * *Célèbre Sérénade,* transcrite par A. DROUIN .... 1 »

(N.-B. — Voir plus haut les chœurs à deux voix de A. Drouin, qui peuvent être chantés avec accompagnement de piano.)

CHŒURS A TROIS VOIX ÉGALES

SANS ACCOMPAGNEMENT

ANSCHÜTZ (J.). *Le Grillon* 0 50
DROUIN (A.). * *La Moisson* 0 50
DURAND (E.). * *L'Alouette,* * *Avril, L'Exercice,* 1 fr. * *Les Foins,* * *La Nouvelle Cigale.* Chaque 0 50
GOUNOD (Ch.). * *L'Arithmétique, Bonjour, Bonsoir,* * *La Chanson de Roland* (de GRÉTRY)) ; * *La Charité,* * *La Cigale et la Fourmi,* * *Le Corbeau et le Renard, L'Ecriture,* * *En ce doux Asile* (de RAMEAU), * *L'Hiver* (de LULLI), * *Hymne à la France, La Jeune Fille et la Fauvette, La Lecture,* * *Le Nid, Patte de Velours,* * *Les Petits Glaneurs, Rêverie du Soir,* * *Le Rosier blanc,* * *Le Ruisseau,* * *Le Soir, Le Temps qui fuit, Les Vacances, La Vendange.* Chaque 0 50
HALÉVY (F.). * *Le Couvre-feu du Juif-Errant* 0 50
PAPIN (Ad.). * *Fête andalouse* 0 50

PESSARD (E.). *Derlin, din, din,* * *L'Été,* * *Le Soir.* Chaque 0 50
— *La Récréation,* * *Sous les Chênes.* Chaque .... 1 »
ROBERT (F.-R.). * *Le Cerf du Bois,* chanson du XVIe siècle, arrangée d'après HORATIO VECCHI. * *L'Eveil des Fleurs,* chanson du XVe siècle, harmonisée d'après *** Chaque 0 50
SCHUBERT. * *L'Adieu* 0 50
SCHUMANN. *Petit Choral* 0 50

CHŒURS A QUATRE VOIX

SANS ACCOMPAGNEMENT

I. — VOIX ÉGALES.

GOUNOD (Ch.). * *La Musique* 0 50

II. — **VOIX MIXTES.**

GOUNOD (Ch.). * *En ce doux Asile* (de RAMEAU) 0 50
HALÉVY (F.). * *Le Couvre-feu du Juif-Errant* .... 1 »
ROBERT (F.-R.). * *Le Cerf du Bois* (HORATIO VECCHI), * *L'Eveil des Fleurs.* Chaque .... 1 »

III. — VOIX D'HOMMES.

BAYER (J.). * *Hymne du Soir* 0 50
— * *Rose de Bruyère,* transcrit par J. WERNER 0 50
GOUNOD (Ch.). *La Chanson de Roland* (de GRÉTRY) .... 1 »
ROBERT (F.-R.). * *Le Cerf du Bois* (HORATIO VECCHI). * *L'Eveil des Fleurs* Chaque 0 50

EXTRAIT DU CATALOGUE COMPLET

FÊTES ET VACANCES

Douze petits Chœurs et Cantates à 2 et 3 voix égales, solo et duos

AVEC ACCOMPAGNEMENT DE PIANO

1. **PICARD** (Ch.). *La Fête d'un Maître ou d'une Maîtresse de Pension,* à 3 voix et solo .... 1 »
2. — *L'Aurore des Vacances,* à 3 voix et solo, pour distribution de prix .... 1 »
3. — *Le Chant des Lauréats,* à 3 voix et solo, pour distribution de prix .... 1 »
4. — * *Vivent les Vacances,* à 3 voix et solo, pour distribution de prix .... 1 »
   1re voix et solo, net 0 50
   2e et 3e voix, chaque net 0 25
5. — *Le Jour béni,* à 3 voix et solo *pour la fête d'un supérieur ou d'une supérieure* .... 1 »
6. — *L'Heure des Vacances,* à 3 voix et solo, couplets alternés en chœur, pour distribution de prix .... 1 »
7. **COUDER** (G.). *Les Jeunes Pensionnaires,* scène, solo et chœur (*ad libitum*), à 2 ou 3 voix, pour distribution de prix .... 1 »
8. **LA MOTTE** (A.). *Ah ! quel beau jour, ah ! quelle fête !* à 3 voix, pour distribution de prix .... 1 »
   Chaque voix séparée, net 0 25
9. **DUPART** (Ch.). *Chantons ce jour d'ivresse,* petite cantate, pour distribution de prix, solo et chœur à 3 voix 1 50
   Les voix, en partition, net 0 50
10. **UFFOLTZ** (G.). *Jour de Bonheur,* cantate pour fête d'un supérieur ou d'une maîtresse, solo et chœur à 2 et 3 voix .... 3 »
11. — *Les Grandes Vacances,* cantate en 6 parties, pour distribution de prix, solo, duo et chœur à 3 voix .... 3 »
    Chaque voix séparée, net 0 50
12. — *Le Triomphe s'apprête,* cantate, pour distribution de prix, solo, duo et chœur à 3 voix 2 50
    1re voix et solo, net 0 50
    2e et 3e voix, chaque net 0 25

Par 12 exemplaires, minimum, les parties de voix sont comptées moitié prix.

LE PETIT ORPHÉON

RÉPERTOIRE DES COLLÈGES ET PENSIONNATS

Chœurs à 2 ou à 3 voix

AVEC ACCOMPAGNEMENT DE PIANO

1. **DESVIGNES** (E.). *La Reconnaissance* (3 voix) .... 1 »
2. — *Les Moissonneuses* (3 voix) .... 1 »
3. **MINARD** (J.). *Vole, barque légère* (3 voix) .... 1 »
4. **VOS** (C. de). *Rayons d'en haut* (3 voix) .... 1 »
5. **WAROT** (A.). *Hymne au Soleil* (3 voix) .... 1 »
6. **DESVIGNES** (E.). *Avant les Prix* (3 voix) .... 1 »
7. — *Pendant les Prix* (3 voix) .... 1 »
8. — *Après les prix* (3 voix) .... 1 »
9. **BORDESE** (L.). *La Catarina* (2 voix) .... 1 »
10. **WAROT** (A.). *Le Village* (2 voix) .... 1 »
11. **DUCREUX** (A.). *Le Prix de solfège* (2 voix) .... 1 »
12. — *Le Jour du Marché* (2 voix) .... 1 »
13. **DROUIN** (A.). *Printemps d'écoliers* (2 voix) .... 1 »
14. **YUNG** (H.). *Le Loriot* (2 voix) .... 1 »
15. — *La Chanson de la Bouteille* (2 voix) 1 50

16. YUNG (H.). *Le Pinson* (2 voix) .... 1 »
17. *L'Hirondelle* (2 voix) .... 1 »
18. *La Chanson du Vannier* (2 voix) 1 50
19. *Le Roitelet* (2 voix) .... 1 »
20. *La Bergeronnette-lavandière* (2 voix) 1 50
21. *Le Martin-Pêcheur* (2 voix) .... 1 »

Pour les numéros 1, 2, 3, 4, 6, 7, 8, 10, chaque partie de voix séparée 0 25
Pour les numéros 5, 9, chaque partie de voix séparée 0 50
Pour les numéros 11, 12, 13, 14 à 21, les parties de voix en partition 0 50

Par 12 exemplaires minimum, les parties de voix sont comptées moitié prix

L'ORPHÉON DES ÉCOLES

Collection de Chœurs à 3 voix égales

SANS ACCOMPAGNEMENT

N.-B. — LES CHŒURS PRÉCÉDÉS D'UN (*) PEUVENT ÊTRE CHANTÉS PAR DES ADULTES

1. PESSARD (E.). * *Derlin, din, din* 0 50
2. — * *Le Soir* 0 50
3. MINARD (F.). * *Vole, barque, légère* 0 50
4. PESSARD (F.). * *La Récréation* 0 50
5. — * *La Marseillaise*, de ROUGET DE L'ISLE (*version officielle*) .... 1 »
6. TESTARD (E.). *La Saint-Nicolas* 0 50
7. — *La Sainte-Catherine* 0 50
8. PESSARD (F.). * *Sous les Chênes* .... 1 »
9. *Aimons notre mère* 0 50
10. PESSARD (E.). * *L'Été* (à quatre voix égales) 0 50
11. ARNOUD (J.). * *Dis-moi quel est ton pays ?* (chant alsacien) d'Ad. SELLENICK 0 50
12. — * *Ni l'or, ni la grandeur* 0 50
13. PESSARD (E.). *Chérissez votre père* 0 50
14. RILLÉ (L.). * *Marche Républicaine* d'AD. ADAM .... 1 »
15. GRÉTRY. * *La Garde passe*, tiré des DEUX AVARES 0 50
16. DROUIN (A.). * *La Moisson* 0 50
17. ROBERT (F.-R.). * *Le Cerf du Bois*, chanson du XVIe siècle 0 50
18. — * *L'Eveil des Fleurs*, chanson du XVe siècle 0 50

Par 12 exemplaires minimum, les exemplaires sont comptés moitié prix ; par plus grand nombre, remise plus forte.

(Demander le Catalogue complet de Musique Chorale)

RÉCOMPENSES

MARGUERON (S. de). — JEU D'OIE MUSICAL.

Aucune connaissance spéciale n'est nécessaire pour jouer au jeu d'oie musical absolument basé sur le jeu d'oie connu.

En quelques parties le joueur se familiarise avec les principaux signes employés en musique, il en saisit la signification et la valeur ; en un mot, il apprend son solfège sans effort rien qu'en jouant à ce jeu si facile, si amusant pour les petits et les grands.

Ce jeu d'oie musical est adopté par la Commission de Surveillance de l'Enseignement du chant dans les écoles communales de la Ville de Paris.

En feuille 1 75
Solidement cartonné avec inscription or 2 75
Entoilé, avec cornet et dés dans une riche boîte simili-cuir 3 75

DROUIN (A.). — CHANSONS D'ENFANTS.

La Chanson de la Caille, Le Maraudeur, Promenade à Ane, Chanson du Rémouleur, Barcarolle, L'Anesse à Jeannette, Le Cheval de Nicolas, L'Ecole Buissonnière, Petite Ronde enfantine, L'Escargot, Vent, Pluie, Soleil, Le Petit Soldat, en un volume grand in-8° avec accompagnement de piano (B. L. 482), relié et richement illustré .... 6 »

MISSA (Ed.). — DOUZE MÉLODIES ENFANTINES :

Les Petits Loups, Les Marrons, Le Marchand de Sable, Suzon, Le Ballon, Du Mouron pour les P'tits Oiseaux, Je suis un grand Garçon, Noël d'Alsace, Petits Paysans, Le Tambour de Julien, Berceuse, Le Tout Petit Frère, **en un volume grand in-8° avec accompagnement de piano (B. L. n° 299), relié et richement illustré.** .... 6 »

MISSA (Ed.). — PETITS GARÇONS, PETITES FILLES, 12 MÉLODIES ENFANTINES :

Bataille des Marionnettes, L'Enterrement d'une Souris, Menuet des Poupées, Pour Maman, Mazurka des Entrements, Marche des Eecargots, La Marjolaine, La Sérénade des Matous. Un recueil broché .... 1 »

« *Au Marché* », « *Cendrillon* », « *En Avant* », « *La Polka des Bonbons* », en un volume grand in-8° avec accompagnement de piano (B. L. n° 385), relié et richement illustré 6

MISSA (Ed.). — DIX PETITS CHŒURS A DEUX VOIX :

Les Petits Loups, Les Marrons, Le Marchand de Sable, Suzon, Le Ballon, Je suis un grand Garçon, * du Mouron pour les P'tits Oiseaux, * Noël d'Alsace, * Petits Paysans. **Chaque** 0

« *Berceuse* » et « *Le Tout Petit Frère* » en un volume grand in-8°, avec accompagnement de piano. (B. L. n° 300), relié et richement illustré .... 6 »

www.ingramcontent.com/pod-product-compliance
Ingram Content Group UK Ltd.
Pitfield, Milton Keynes, MK11 3LW, UK
UKHW020413180726
13839UKWH00003B/1312

9 782329 591902